PINTURA

AUENTURA

Copyright © 2006 do texto: Katia Canton
Copyright © 2006 da edição: Editora DCL

DIRETOR EDITORIAL	Raul Maia Junior
EDITORA EXECUTIVA	Otacília de Freitas
EDITOR DE LITERATURA	Vitor Maia
EDITORAS ASSISTENTES	Camile Mendrot
	Pétula Lemos
PREPARAÇÃO DE TEXTO	Valentina Nunes
REVISÃO DE PROVAS	Ana Paula Santos
	Carla Mello Moreira
	Gislene de Oliveira
	Janaína Mello
PESQUISA ICONOGRÁFICA	Mônica de Souza
CAPA E PROJETO GRÁFICO	Vera Andrade
DIAGRAMAÇÃO	Vera Andrade
FOTOGRAFIA	Katia Canton

Texto em conformidade com as novas regras ortográficas do Acordo da Língua Portuguesa.

Dados Internacionais de Catalogação na Publicação (CIP)
(Câmara Brasileira do Livro, SP, Brasil)

Canton, Katia
    Pintura aventura / Katia Canton. – São Paulo: Editora DCL, 2006.

    ISBN 978-85-368-0150-6

    1. Pintura – Literatura infantojuvenil I. Título.

06-6335   CDD – 028.5

Índices para catálogo sistemático:
1. Pintura: Literatura infantil 028.5
2. Pintura: Literatura infantojuvenil 028.5

1ª edição

Editora DCL
Rua Manuel Pinto de Carvalho, 80 – Bairro do Limão
CEP 02712-120 – São Paulo – SP
Tel.: (0xx11) 3932-5222
www.editoradcl.com.br

CRÉDITOS DAS IMAGENS

Pintura pré-histórica em caverna, 15.000 a.C., Lascaux, França. Corel Stock Photos (p. 9).

Cena do *Juízo Final*, 1303-05. Cappella degli Scrovegni, Arena, Pádua (p. 11).

Leonardo da Vinci, *Mona Lisa*, 1503-06, 77 x 53 cm. Museu do Louvre, Paris (pp. 15 e 17).

Salvador Dalí, *O Sono*, 1937, 1,51 x 78 cm. Coleção Particular (p. 21).

Diego Velásquez, *As Meninas*, c. 1656, 318 x 276 cm. Museu do Prado, Madri (p. 23).

Francisco de Goya y Lucientes, *O 3 de Maio de 1808*, 1814, 260 x 345 cm. Museu do Prado, Madri (p. 25).

J. M. W. Turner, *Navio a Vapor numa Nevasca*, 1842, 91 x 122 cm. Tate Gallery, Londres (p. 27).

Edouard Manet, *Almoço na Relva*, 1863, 208 x 264,5 cm. Musée d'Orsay, Paris (p. 29).

Claude Monet, *Catedral de Rouen, Fachada Oeste, Luz do Sol*, 1894, 100 x 66 cm. Chester Dale Collection, National Gallery of Art, Washington (p. 33).

Paul Cézanne, *Natureza-Morta com Maçãs e Pêssegos*, c. 1905, 81 x 100 cm. National Gallery of Art, Washington (p. 35).

Vincent van Gogh, *O Quarto do Artista*, 1889, 71 x 90 cm. Musée d'Orsay, Paris (p. 39).

Henri Matisse, *A Dança*, 1909-10, 260 x 391 cm. The Hermitage Museum, São Petersburgo, Rússia (p. 41).

Pablo Picasso, *Les Demoiselles d'Avignon*, 1907, 244 x 234 cm. The Museum of Modern Art, Nova York (p. 43).

Piet Mondrian, *Broadway Boogie-Woogie*, 1942-43, 127 x 127 cm. The Museum of Modern Art, Nova York (p. 45).

Jackson Pollock, *Number 1, 1950 (Lavender Mist)*, 221 x 300 cm. National Gallery of Art, Washington (p. 47).

Andy Warhol, *Marilyn Diptych*, 1962, 205 x 145 cm em cada painel. Tate Gallery, Londres (p. 51).

Tarsila do Amaral, *Abaporu*, 1928, 85 x 73 cm. Coleção Eduardo Francisco Constantini, Buenos Aires (p. 53).

Beatriz Milhazes. *Cabeça de Mulher*, 1996, 101 x 152 cm. Coleção particular (p. 55).

Leda Catunda, *Retrato*, 2002, Ø 242 cm. Coleção particular (p. 57).

CRÉDITOS DAS CRIANÇAS

André Arruda Lima, João Roberto Monteiro da Silva, Marina Arruda Lima, Raquel Santos Braga, Renata Melo dos Santos, Thales Melo dos Santos.

PINTURA AVENTURA

Katia Canton

4

A **PINTURA** ESTÁ
EM TODA PARTE.
É VIDA, É ARTE.

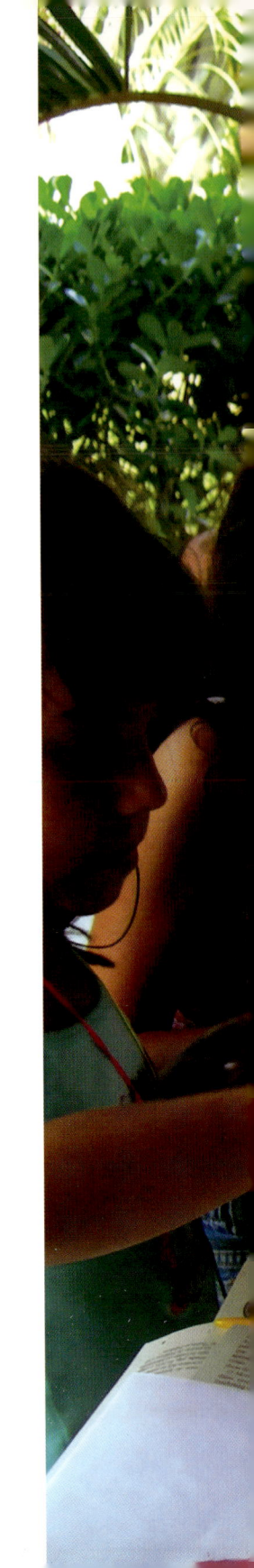

ESPELHO DE TODOS OS TEMPOS

A pintura é uma espécie de espelho da vida humana.

Nela se reflete a história da arte e das civilizações, desde o tempo das cavernas até os dias de hoje.

A pintura está nos museus e nas galerias de arte, mas também nos grafites dos muros da cidade, em tecidos, madeiras, cerâmicas, papel machê. Está nas ruas, casas e escolas.

Com a pintura, a gente colore o mundo. Dá vida a tudo. Exercita a liberdade.

Existem várias técnicas, estilos e gêneros de pintura, como o retrato, a paisagem, a natureza-morta e a pintura histórica.

Vamos embarcar nesta viagem de conhecimento e nos divertir bastante. Que tal começar pintando o sete?

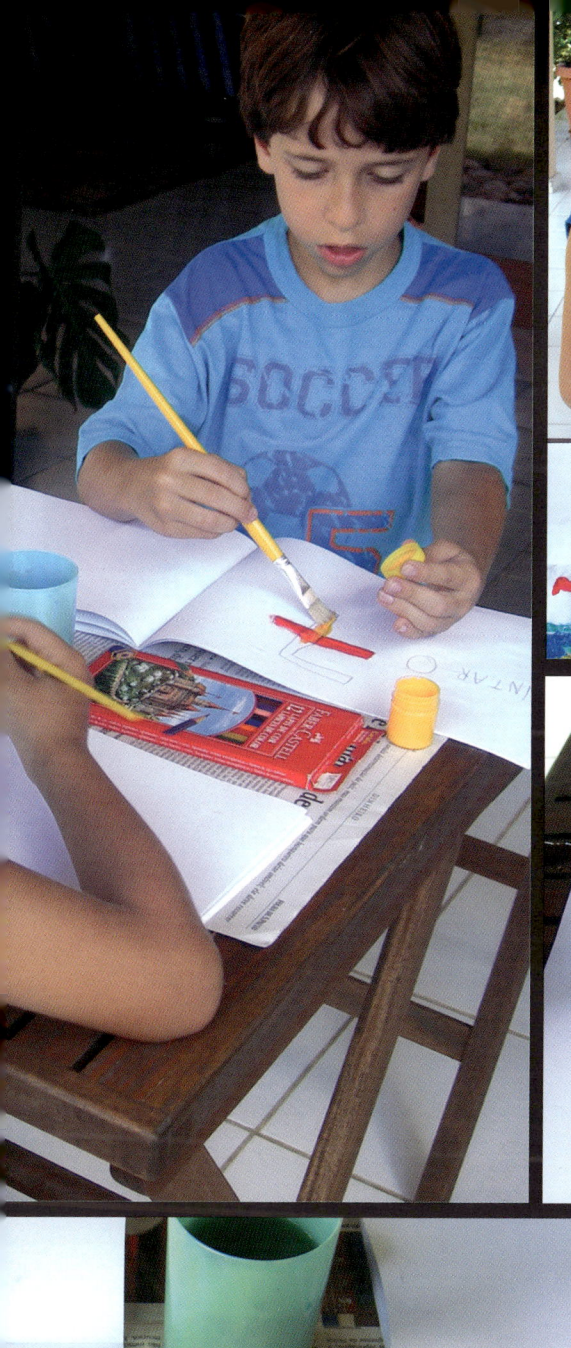

TINTAS PRÉ-HISTÓRICAS

A pintura nasceu gravada nas paredes das cavernas.

Durante a Pré-história, homens e mulheres descobriram que, se retirassem o sumo de plantas, misturassem terras e pós ferrosos, sementes e óleos minerais, poderiam produzir uma variedade de pigmentos e tintas naturais. Com elas, passaram a pintar cenas de suas vidas e imagens de animais — que caçavam para comer ou que consideravam sagrados.

Eles também descobriram que, se fossem pintadas nas paredes internas das cavernas, essas imagens ficariam protegidas da chuva e do sol e, por isso, não apagariam com o tempo. Graças a esse cuidado, até hoje podemos apreciar as pinturas feitas em cerca de 15.000 a.C. (antes de Cristo), conforme mostra a imagem ao lado, fotografada na caverna de **Lascaux**, na França.

Você também pode produzir tintas "pré-históricas", usando plantas espremidas, sementes, frutos e terra. Que tal experimentar?

ÉPOCA DAS IMAGENS RELIGIOSAS

No final da Idade Média, período da história ocidental que durou quase mil anos – aproximadamente do século V ao século XV –, a religião era o centro de tudo. Por isso, muitos artistas pintaram, além de quadros, tetos de capelas. As tintas eram aplicadas diretamente nas paredes, com a argamassa ainda molhada, o que deu a essa técnica o nome de afresco.

Um dos mais importantes artistas dessa técnica é o italiano Giotto di Bondone (1267-1337), que pintou a *Cappella degli Scrovegni*, na cidade de Pádua, Itália. Entre 1303 e 1305, Giotto pintou vários afrescos com cenas das histórias da Virgem e de Jesus Cristo. A reprodução de uma parte do **Juízo Final**, na página ao lado, mostra homens que aguardam ser julgados por Deus. Entre eles o próprio Giotto está retratado; é o homem com chapéu amarelo, vestindo uma túnica rosada de gola cinza.

OS PRIMEIROS AUTORRETRATOS

Giotto inovou na forma e no conteúdo de sua pintura: foi um dos primeiros a pintar sua própria imagem numa obra de arte. Isso se chama autorretrato.

Ele se retratou não sozinho, mas no meio de vários homens que, numa passagem da Bíblia, aguardam o Juízo Final. Ainda que misturado a uma cena religiosa, esse é um dos primeiros autorretratos da história da arte.

Que tal você também pintar seu autorretrato? Veja este do André.

O HOMEM NO CENTRO DA VIDA E DA ARTE

Durante o Renascimento, época que veio depois da Idade Média, foi o ser humano – e não mais a religião – que passou a ocupar o centro da vida e da arte. O artista Leonardo da Vinci (1452-1519), que era também arquiteto e inventor, pintou então o mais famoso retrato da história: a **_Mona Lisa_**.

Retrato é quando o artista pinta uma outra pessoa.
Agora você já sabe: se o retratado for o próprio pintor, é um autorretrato.

Da Vinci tinha uma técnica e uma sensibilidade incríveis.
O nome da modelo era Madonna Lisa di Antonio Maria Gherardini, esposa de um rico cidadão chamado Francesco del Giocondo. Em 1503, ele encomendou a obra a Leonardo, e o artista pintou e repintou o quadro várias vezes, transformando-o em algo muito mais poético e profundo do que apenas um retrato encomendado.

O SORRISO MAIS SUTIL E ENIGMÁTICO

Mona Lisa, pintado entre 1503 e 1506, é um quadro muito famoso em todo o mundo!

Ele é repleto de beleza e mistério. Repare nas cores escuras e sombrias, nos contornos esfumaçados, na paisagem rochosa no fundo da tela.

Agora repare sobretudo na expressão da mulher. O olhar parece longe e o sorriso é muito sutil, com os lábios fechados. É difícil saber o que ela sentia exatamente quando foi retratada.

Mona Lisa está no Museu do Louvre, em Paris, e tem apenas 77 centímetros de altura por 53 centímetros de largura.

Aqui está o André de novo, pintando um **RETRATO**. Desta vez não é um autorretrato, e sim o de outra pessoa...

PINTURA DO SUBCONSCIENTE

Este retrato, feito pelo artista catalão Salvador Dalí (1904-1989), é uma alegoria, pois é um rosto que representa um estado: o sono. Observe que o gigante rosto é puxado e sustentado por frágeis varetas, ocupando grande parte da tela. Ao fundo, bem pequeno, está um castelo. Este retrato, em que reconhecemos as formas, embora elas não tenham sentido na vida real, chama-se *O Sono* (1937).

Dalí fez parte de um movimento chamado Surrealismo, que teve início nos anos 1920, na Europa, e buscava refletir na pintura as sensações do subconsciente.

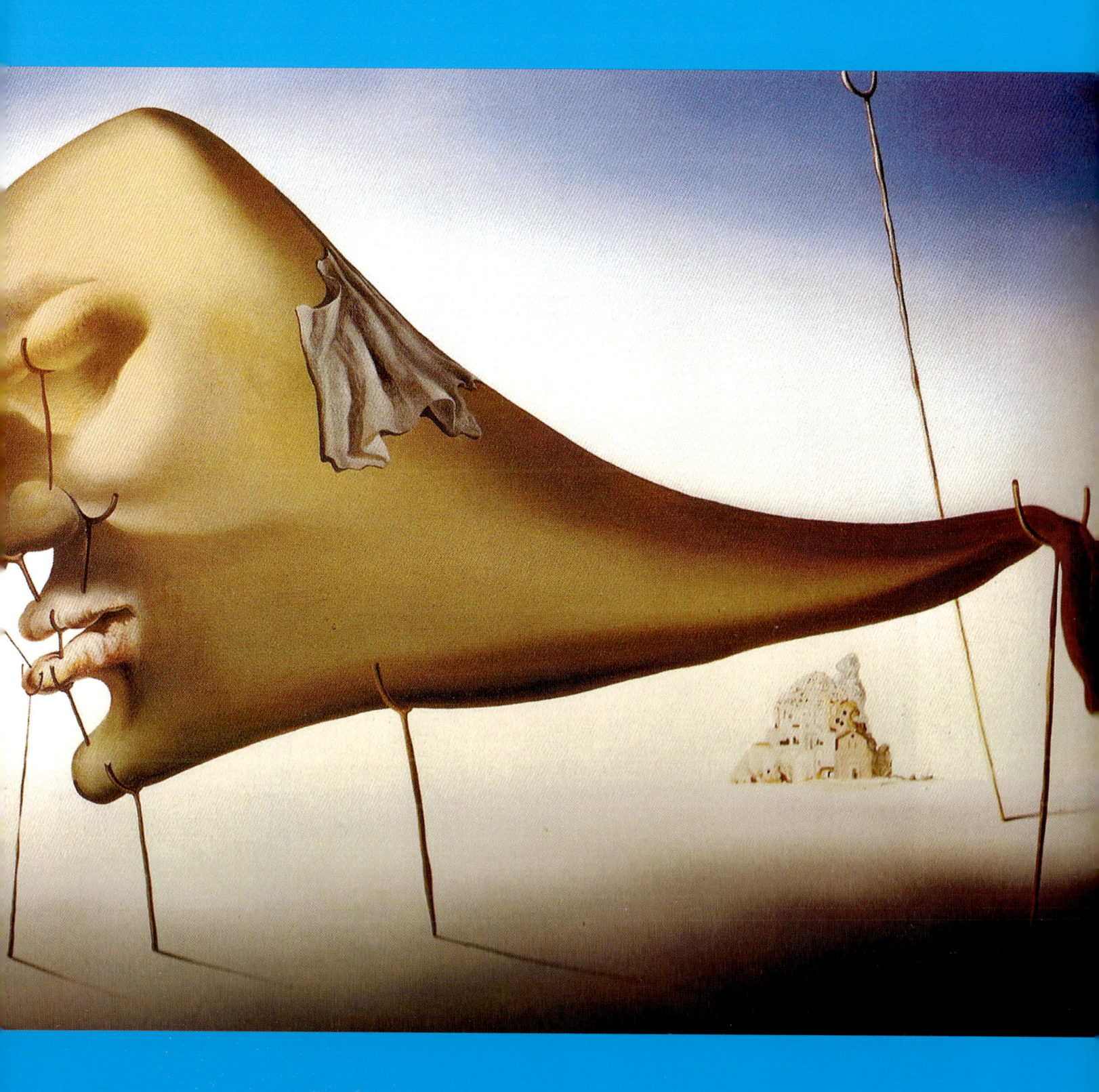

UM QUADRO MÚLTIPLO

Voltamos no tempo novamente. Nesta pintura há retrato e autorretrato.

O nome desta tela, do pintor espanhol Diego Velásquez (1599-1660), concluída em 1656, é *As Meninas*. Trata-se da pintura que mostra a infanta (filha dos reis da Espanha) Margarida Teresa, rodeada por outras meninas, funcionários, uma anã e um cachorro.

O próprio artista, Velásquez, aparece pintando a grande tela, com pincéis e paleta na mão. Ao fundo, refletidas no pequeno espelho, estão as imagens, um pouco embaçadas, dos pais de Margarida, o rei Filipe IV e a rainha. É como se eles fossem os observadores do quadro, como nós!

Só para lembrar: todas as figuras pintadas no quadro são retratos, e a imagem de Velásquez pintando é um autorretrato.

A ETERNIDADE DE UMA CENA HISTÓRICA

Esta obra, realizada por outro artista espanhol, Francisco de Goya (1746-1828), é uma interpretação de uma cena histórica. Goya era um artista corajoso que, em sua maturidade, buscava mostrar as injustiças sofridas pelos oprimidos. Ele fazia isso com muito vigor.

A tela ao lado, **O 3 de Maio de 1808**, pintada em 1814, retrata um momento em que um grupo de espanhóis tenta resistir à ocupação francesa, chefiada pelo imperador Napoleão Bonaparte.

O mais impressionante nesta cena é a expressão dos homens, em pinceladas vigorosas, transmitindo a dor que eles sentiram naquele momento.

Repare na expressão de espanto e de medo dos homens que serão fuzilados.

A figura central está sem defesa: tem as mãos abertas e veste uma camisa branca, como se estivesse pedindo paz. Mas o fundo da tela, de um escuro profundo, somado aos sombrios uniformes de guerra e aos fuzis, contrasta com a claridade do branco central, anunciando uma noite de grande terror.

PINCELADAS CHEIAS DE EMOÇÃO

O inglês William Turner (1775-1851) viveu num momento histórico chamado Romantismo. Nesse período, artistas buscavam transmitir toda emoção, dor e amor por meio da arte.

Aqui vemos a obra *Tempestade de Neve*, de 1844, com o mar revolto pela tempestade. É como se Turner estivesse mostrando a fúria da natureza e seu poder de destruir qualquer coisa construída pelos seres humanos.

Veja a técnica e o tipo de pincelada que ele usou. O resultado é muito livre e forte. Turner pinta o tormento do mar utilizando nuances de cores e muito movimento. Tanto que a figura, o navio, quase desaparece. Tudo parece um conjunto de manchas de cores diferentes, o que poderia ser considerado uma quase abstração. Mas vamos falar disso mais adiante...

ESCANDALOSO E REVOLUCIONÁRIO

O francês Edouard Manet (1832-1883) é o criador deste ***Almoço na Relva*** (1863), quadro em que aparecem algumas pessoas e a paisagem.

O que você acha deste quadro? Há alguma coisa estranha?

Pense nas pessoas da tela e no que elas estão fazendo. Há dois homens de casaco e chapéu, uma mulher nua e outra mulher, ao fundo, com uma túnica branca.

Todos parecem muito naturais. A mulher nua e um dos homens nos olham, como se os estranhos fôssemos nós! Por que será?

Manet causou escândalo com este quadro, pois ele propôs uma mistura de tempos e de espaços numa mesma tela.

Com essa liberdade, Manet foi o grande inspirador de um movimento artístico que surgiu no final do século XIX: o Impressionismo.

As crianças estão pintando suas próprias **PAISAGENS**. Você tem vontade de colocar personagens nelas como fez Manet?

RETRATO DAS IMPRESSÕES

O Impressionismo tem a ver com a atitude de pintar as impressões, e não a realidade que se vê. Os artistas impressionistas não se preocupavam com **o que** pintar, mas, sim, **como** pintar.

Em sua maioria, pintavam cenas de rua, edifícios, paisagens, flores.

O francês Claude Monet (1840-1926) é considerado o mais impressionista desses pintores. Ele usava pinceladas soltas, captando brilho e luz em diferentes horários do dia.

Ao lado temos o quadro ***Catedral de Rouen, Fachada Oeste, Luz do Sol*** (1892). Imagine que Monet, à frente da catedral por muito tempo, pintou a mesma fachada várias vezes e em diferentes horas do dia: apenas para captar as variações de luz, brilho e cor.

Esta pintura retrata a catedral no começo da tarde. Há pinturas da catedral ao amanhecer, ao entardecer e ao anoitecer.

SEM AS REGRAS DA PERSPECTIVA

O francês Paul Cézanne (1839-1906) pertence à geração de artistas que veio depois da de Monet. Ele acrescentou uma novidade às descobertas da arte moderna: além de pintar impressões, é possível pintar sintetizando as formas, sem seguir as regras da perspectiva.

Perspectiva é uma regra de linhas e dimensões, desenvolvida no Renascimento, que reproduz as diferenças de escala e tamanho das coisas, de acordo com a distância com que elas se apresentam no quadro.

Cézanne abriu mão da perspectiva e passou a encarar os objetos como formas, geometrizando-os, organizando-os na composição da pintura.

Repare nesta tela: ele usou apenas uma mesa com panos, uma jarra, um vaso, um prato e frutas. Esse tipo de pintura é chamado de natureza-morta, como o próprio nome desta tela indica: **Natureza-Morta com Maçãs e Pêssegos**.

CENAS SÓ COM OBJETOS

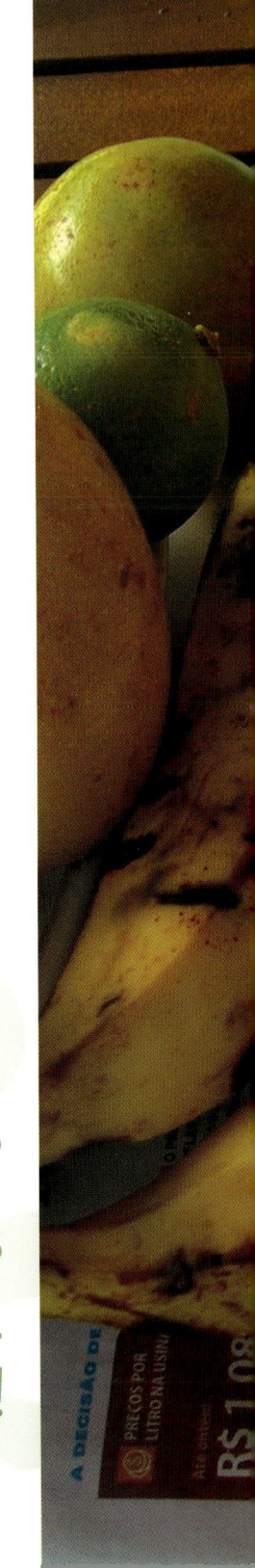

Natureza-morta é um gênero de pintura que nasceu no século XVII, na Europa, sobretudo na Holanda, quando artistas começaram a pintar cenas contendo mesas postas, alimentos, frutas, flores e objetos como vasos, velas e livros.

Essas cenas eram criadas com objetos que estivessem à mão, de fácil acesso, para servirem como exercícios de pintura. Com o tempo, tornaram-se muito populares e continuam a existir até hoje, na arte contemporânea.

Que tal você criar sua própria natureza-morta? Pegue, por exemplo, algumas frutas da cozinha e arrume-as numa cena. Mãos à obra!

EMOÇÃO CARREGADA DE TINTA

O holandês Vincent van Gogh (1853-1890) é da mesma geração que Cézanne, mas sua maneira de ver a arte é bem diferente.

Enquanto Cézanne é sintético e busca organizar as formas, Van Gogh é intenso e emocional. Suas pinceladas são carregadas de tinta e parecem retirar a estabilidade das coisas.

Em ***O Quarto do Artista***, Van Gogh retratou o local onde dormia na cidade de Arles, na França.

O que você sente?

Os quadros na parede parecem que vão desabar, o chão está em desnível, e tudo parece muito apertado. Toalhas, roupas penduradas num cabide e itens de toalete lembram que ali vive alguém, mas, ao mesmo tempo, a solidão da cena combinada à instabilidade das formas cria uma atmosfera angustiante.

Você sente isso também?

BELEZA SEM CONTORNOS

O francês Henri Matisse (1869–1954) iniciou suas atividades de pintor em torno de 1890.

Ele trouxe à arte um gosto pelas massas de cor. No início de sua carreira, Matisse não fazia os contornos das formas. Todas as figuras e imagens brotavam diretamente da tinta e do pincel, formando massas de cor.

Matisse buscava uma síntese, mas fazia isso numa constante busca pela exuberância da cor e das padronagens.

A Dança (1909/1910) é uma de suas obras-primas e uma prova de seu encantamento pelos rituais primitivos. Pessoas nuas, de mãos dadas, dançam numa roda sobre o verde do campo, sob o azul do céu. Não há preocupação com formas, nem detalhes, nem com uma variedade de cores além do bege, marrom, verde e azul.

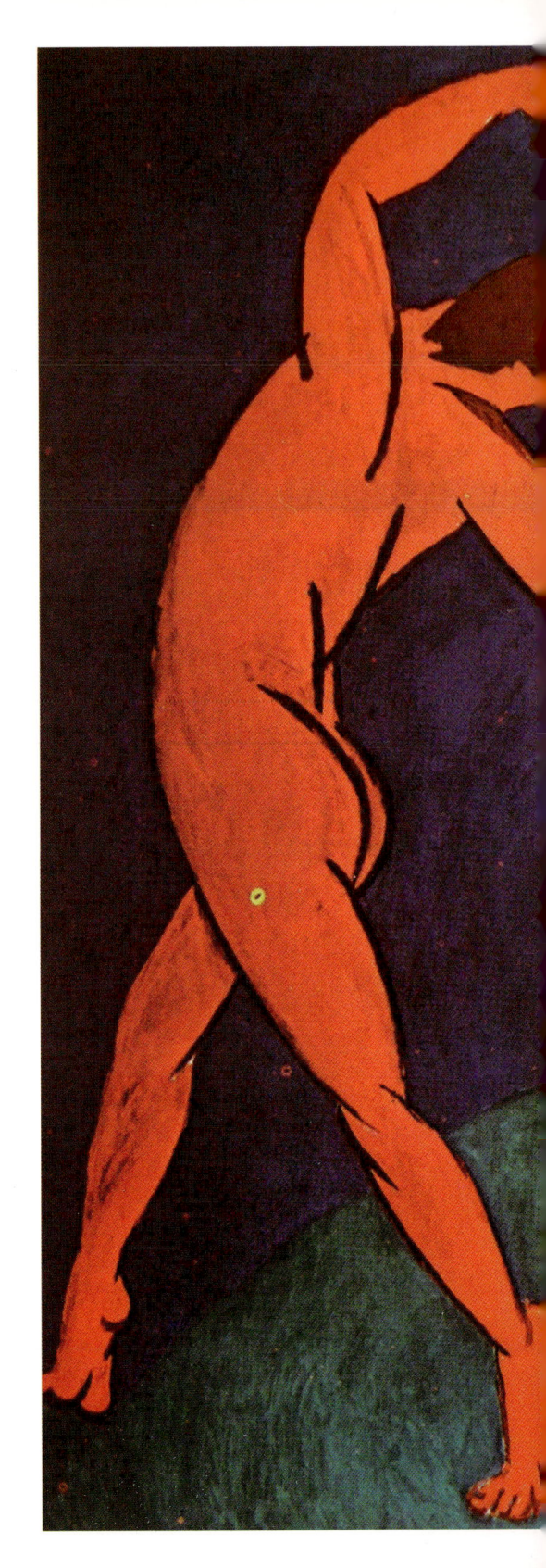

VÁRIAS POSIÇÕES DE UMA SÓ VEZ

O espanhol Pablo Picasso (1881-1973) era colega e também rival de Matisse, pois os dois eram considerados grandes pintores de seu tempo.

Picasso iniciou um movimento fundamental dentro da arte moderna: o Cubismo. E o que é isso?

Veja esta pintura, **Les Demoiselles d'Avignon** (1907), considerada a primeira tela cubista da história ocidental.

Influenciado por Cézanne, Picasso buscou primeiro organizar e ressaltar as formas geométricas, mesmo as do rosto ou do corpo. Só que foi além disso. Basta olhar para o rosto das moças dos cantos da tela e perceber como lembram máscaras africanas.

Picasso geometrizou ao máximo esses rostos, iniciando um processo de *simultaneidade*: isso quer dizer que dois olhos podem estar de frente, enquanto o nariz está de perfil, por exemplo. É como se o artista captasse o mundo em movimento e retratasse várias posições de uma só vez.

AUSÊNCIA DE FIGURAÇÃO

Levando o Cubismo às últimas consequências, os artistas chegaram à *abstração*. Ao lado temos uma abstração geométrica feita por um grande mestre: o holandês Piet Mondrian (1872-1944).

Abstração significa ausência de figuração. Você faz uma pintura e não uma casa, um retrato, uma paisagem ou uma natureza-morta.

Esta pintura de Mondrian, **Broadway Boogie-Woogie** (1942-1943), é toda feita com formas quadradas e retangulares – e só contém as cores amarelo, azul e vermelho, as chamadas cores primárias.

AÇÃO E TEMPO PRESENTES

Além da abstração geométrica, existem outros tipos de abstração, como a gestual. Aqui o que vale é o gesto, a ação de pintar aqui e agora.

Valem respingos, pinceladas rápidas ou lentas, passos dados sobre a tela cheia de tinta.

Nos Estados Unidos, nos anos 1950, uma geração começou a trabalhar com a *Pintura de Ação*, procurando considerar apenas o tempo presente, o ato da pintura.

Artistas dessa geração são chamados de expressionistas abstratos. O norte-americano Jackson Pollock (1912–1956) é um grande artista desse tipo de pintura. Na página ao lado, você pode observar seu **Number 1, 1950 (Lavender Mist)**, isto é, Número 1, 1950 (Lavanda sob a Névoa).

Você consegue ver as flores (lavandas)?

Você pode experimentar os diferentes tipos de **ABSTRAÇÃO** fazendo pinturas geométricas e gestuais, inspirando-se no que estas crianças fazem. Qual tipo você prefere?

ARTE EM SÉRIE

Nos anos 1960, surge outro artista norte-americano que vai mudar novamente os caminhos da arte. Seu nome é Andy Warhol (1928-1987), o principal representante da arte pop.

Você sabe o que é arte pop?

Trata-se de um tipo de arte que retrata os produtos da indústria cultural e de consumo, ou seja, tudo o que está estampado nos cartazes, nos supermercados, nas revistas de moda e de celebridades. Warhol tornou-se famoso e disse que todo mundo um dia teria direito a 15 minutos de fama.

Com a ajuda da serigrafia, uma técnica de estamparia (a mesma com a qual se estampam camisetas), ele pintou séries de objetos, como latas de sopa, caixas de sabão em pó, imagens de cenas retratadas nos jornais e de muitas pessoas famosas. Uma das séries bem conhecidas de Warhol são os retratos da atriz Marilyn Monroe, como em **Marilyn Diptych**, de 1962, na página ao lado.

Que sensação você tem ao ver tantas imagens repetidas e iguais da atriz?

ANTROPOFAGIA

No Brasil, a pintura esteve presente desde os povos indígenas. Nos anos 1920, ela tomou caminhos originais e ajudou a construir a identidade brasileira. A ideia dos artistas era absorver as novidades técnicas que surgiam na Europa, "deglutí-las" e misturá-las com os elementos da cultura brasileira. Os artistas deram a esse conceito o nome de *antropofagia*, que vem de antropófago, "aquele que come carne humana".

Tarsila do Amaral (1886-1973) é a grande pintora do movimento da antropofagia. Ela nasceu no interior de São Paulo e estudou em Paris. Seu quadro ***Abaporu*** (1928) é uma das peças-chave do Movimento Antropofágico.

Abaporu, em tupi-guarani, quer dizer justamente "homem que come carne humana". Os antropófagos só comiam a carne daqueles que admiravam.

Você admira esta pintura?
O que há de interessante nela?

SOBREPOSIÇÕES E IMAGINAÇÃO

Observe esta pintura feita por uma artista brasileira contemporânea chamada Beatriz Milhazes (1960). Suas telas combinam cores exuberantes e formas arredondadas. Há sobreposições de curvas, caracóis, motivos florais, rococós, que vão buscar inspiração em babados, flores e até mesmo nos motivos carnavalescos.

A pintura reproduzida na página ao lado é chamada **_Cabeça de Mulher_** (1996).

Você consegue encontrar onde ela está?

As telas de Beatriz brincam com a imaginação e sugerem arabescos, jogos de transfer, ondas, sóis, olhos e bordados.

PINTURA MACIA

Leda Catunda (1961) é outra artista brasileira contemporânea que faz um trabalho importante e original com a pintura.

Ela chama suas obras de "pinturas macias", porque resultam de um misto de pinturas e objetos feitos com tecidos, enchimentos, pelúcia e toalhas.

Esta obra chama-se **Retrato** (2002). Nela Leda recortou gotas de vários tecidos cor de pele e em algumas delas estampou seus olhos, suas orelhas, o nariz de seu marido. Em outras gotas, retratou a paisagem de sua casa e da praia que frequenta.

O resultado é uma mistura de detalhes do rosto do casal e de seus espaços.

O que você achou deste tipo de retrato?

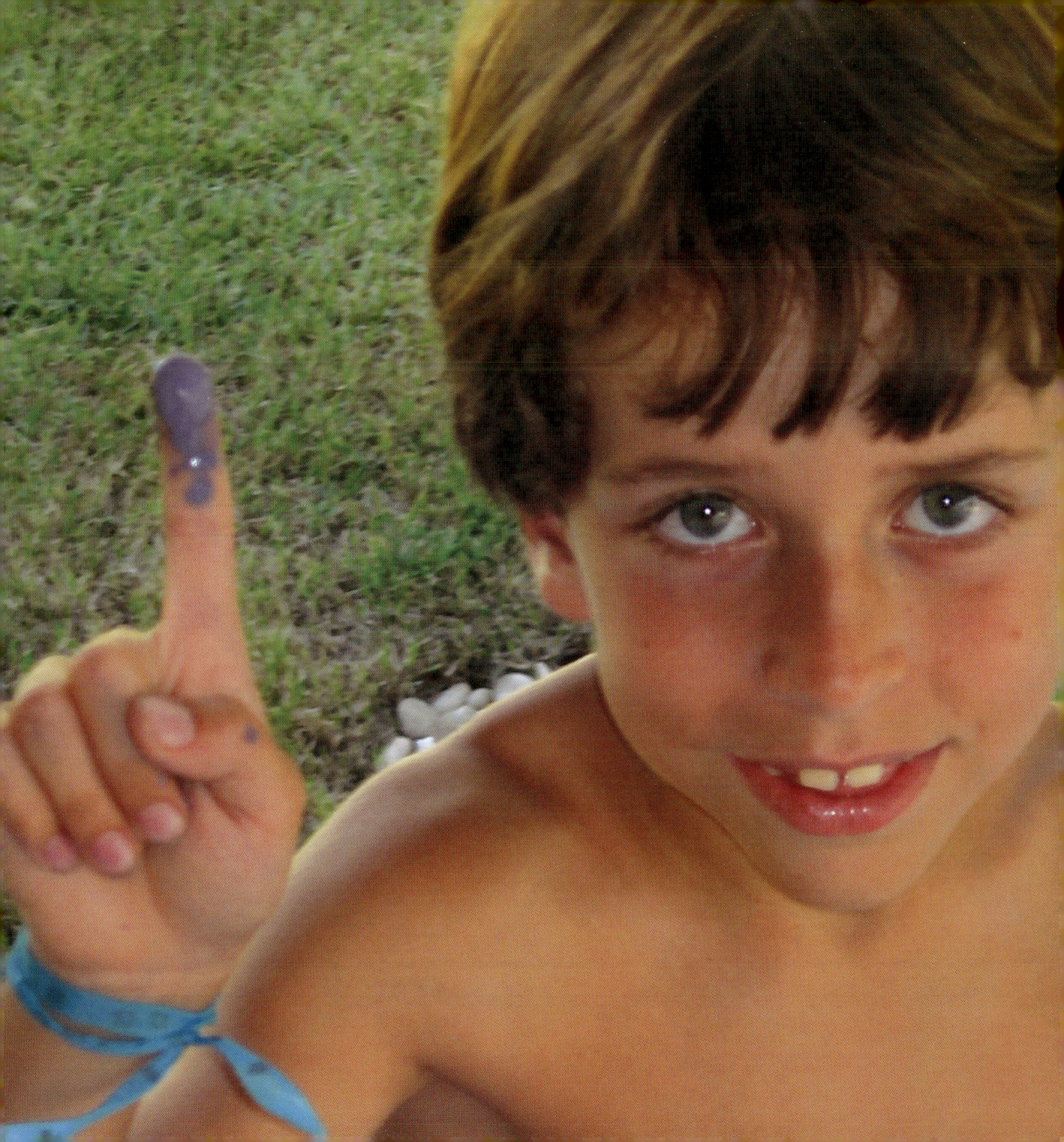

A leitura deste livro nos permite descobrir que é sempre possível aventurar-se no mundo da **PINTURA**.

Vale pintar com os dedos, pintar o rosto, os muros, tecidos, madeiras, cerâmicas, papel machê...

Vale também conhecer a história da arte, para ter novas e criativas **IDEIAS**.

FIM

Adoro arte e aventura.

Estudei na Universidade de Nova York, nos EUA, entre os anos 1980 e 1990. Desde que voltei ao Brasil, escrevi mais de 30 livros para crianças e jovens, relacionando arte e histórias. Vários desses livros têm recebido prêmios importantes, entre eles, o Jabuti, em 1998 e 2005, e o Malba Tahan, pela FNLIJ, em 2000 e 2002, o que me deixa muito feliz.

Também sou professora e curadora do Museu de Arte Contemporânea da USP, onde organizo exposições. Convivo com a arte todos os dias.

Foi incrível trabalhar com a história da pintura neste livro. Conversei e troquei experiências com diversas crianças, e acabamos realizando uma série de ateliês de arte em pleno verão, na Bahia, na casa de uma amiga muito querida.

Na turminha, crianças talentosas e curiosas testando na prática pinturas abstratas, retratos, naturezas-mortas, paisagens, de tudo um pouco. Foi muito divertido!

KATIA CANTON